GUDRUN THIELE

Glanzvolle Fröbelsterne

INHALT

36

Glanzvolle Fröbelsterne

Sie faszinieren mich einfach immer noch – die Fröbelsterne. Ob nun klein oder groß, sie sind einfach zauberhaft schön, und wenn ich erst einmal angefangen habe, kann ich gar nicht wieder aufhören. Dass aus einfachen, flachen Papierstreifen am Ende ein so schöner dreidimensionaler Stern hervorgeht, ist einfach sagenhaft.

Wie in meinen älteren Fröbelsternbüchern finden Sie auch in diesem Buch wieder die Grundanleitung für den klassischen Fröbelstern und den etwas aufwändigeren großen Fröbelstern mit 48 Zacken. Aber damit ist es für dieses Mal noch nicht genug. Mir sind noch zwei neue Varianten eingefallen: die Pyramiden-Technik und die Supernova-Technik. Die Faltanleitung für diese beiden Varianten finden Sie hinten in der Umschlagklappe. Das Ergebnis können Sie links auf dem Bild bestaunen.

Ich bin mir sicher, dass ich Sie auch dieses Mal wieder zum Mitfalten und zum Eintauchen in die faszinierende Welt der Fröbelsterne verleiten kann!

Ihre

Gudrun Thiele

Orientalisches Kleinod

einfach, aber effektvoll

MOTIVHÖHE
ca. 24 cm

MATERIAL

* Designpapier Indian Style „Harita" in Grün, A2
* Acrylperlen in Hellgrün, 2 x ø 12 mm
* Acrylperlen in Grün, je 2 x ø 15 und 10 mm
* Wachsperle in Gold, ø 4 mm
* 2 tropfenförmige Metallperlen in Gold, 3,5 cm lang
* lange Nähnadel
* Nähgarn in Grün

1 Aus dem Designpapier vier 6 cm breite und 70 cm lange Streifen zuschneiden und der Länge nach mittig falten. Sie haben nun vier 3 cm breite Streifen.

2 Falten Sie einen einfachen Fröbelstern in der Pyramiden-Technik (siehe allgemeine Anleitung auf den Umschlagklappen).

3 Einen langen Faden abschneiden und zuerst eine kleine goldene Wachsperle auffädeln. Den Faden doppelt legen, dann einen Tropfen und drei Acrylperlen auffädeln (mit der kleinsten beginnen). Durch den Stern stechen und die restlichen Perlen gegengleich auffädeln.

Edler Türschmuck

mit extralangen Quasten

MOTIVHÖHE
ca. 27 cm (mit Quaste)

MATERIAL
* Batikpapier in Braun oder Grau mit Ornamenten in Silber, A2
* Perlgarnstrang in Braun oder Schwarz
* 2 Wachsperlen in Gold, ø 8 mm
* Acrylschliffperlen in 4 x Transparent oder 1 x Braun, ø 1,2–1,8 cm
* Acrylklarlack
* fester Karton, 17,5 cm x 10 cm
* lange Nähnadel

1 Pro Anhänger vier Streifen mit 2,5 cm Breite und mindestens 60 cm Länge zuschneiden und einen einfachen Fröbelstern in der klassischen Technik falten. Den Stern zum Schutz mehrmals mit dem Klarlack überziehen und trocknen lassen.

2 Fertigen Sie die Quaste an, indem Sie das Perlgarn um den Karton wickeln. Das Garn abstreifen, an einer Seite abbinden und auf der anderen aufschneiden.

3 Nach Wunsch die Acrylschliffperlen auf den Abbindefaden fädeln, dann den Faden durch den Stern ziehen und oben verknoten. Nach Wunsch noch einmal Perlen aufziehen, dann für die Aufhängung einen Knoten machen. Zuletzt die Goldperlen aufkleben.

Vorfreude auf Weihnachten

klassischer Adventskranz

MOTIVGRÖSSE
ca. ø 30 cm (Kranz)

MATERIAL

* 80 Fröbelsternstreifen in Weiß, 1 cm breit
* 8 Wachsperlen in Rot, ø 4 mm
* 24 Wachsperlen in Rot, ø 6 mm
* Perlengirlande in Weiß, 1 m lang
* Schleifenband in Rot
* Adventskranz aus Tannenreisig, ca. ø 30 cm
* Einmachglas, ø 11 cm
* Heißklebepistole

1 Aus den Papierstreifen insgesamt vier große Fröbelsterne mit 48 Zacken in der klassischen Technik falten und anschließend mit den 6 mm großen roten Wachsperlen verzieren.

2 Aus den restlichen 32 Streifen insgesamt 8 einfache Fröbelsterne in der Pyramiden-Technik falten und mit den kleineren Wachsperlen schmücken.

3 Um den oberen Rand des Glases das Schleifenband und ein Stück von der Girlande binden. Die restliche Girlande auf dem Adventskranz verteilen und die Sterne dazwischen aufkleben.

4 Die Kerze in das Glas stellen – und schon kann die Vorweihnachtszeit beginnen.

Mein Tipp für Sie

Sicheres Adventsvergnügen Kerzen können in der Kombination mit trockenem Tannenreisig schnell ein Flammenmeer entzünden. Daher ist es wichtig, dass Sie auf einem Adventskranz immer entsprechende Kerzenuntersetzer verwenden oder aber Sicherheitskerzen. Bei diesem Kranz leuchtet der Kerzenschein geschützt im Einmachglas. Eine besonders familienerprobte Variante.

Mit Glanz und Gloria

diese Sterne haben Pfiff

MOTIVGRÖSSE
heller Stern ø 8 cm
dunkler Stern ø 10 cm

MATERIAL HELLER STERN
* 4 Fröbelsternstreifen in Creme schimmernd, 2 cm breit
* 2 Wachsperlen in Rot, ø 6 mm
* Klebstoff

DUNKLER STERN
* 4 Fröbelsternstreifen in Gold schimmernd, 2 cm breit
* 2 Wachsperlen in Rot, ø 6 mm
* Klebstoff

VORLAGE
Seite 58

Heller Stern

1 Falten Sie aus den Papierstreifen mithilfe der allgemeinen Anleitung einen einfachen Fröbelstern in der Supernova-Technik. Nachdem die letzte Sterntüte fertig ist, jedoch nur jeden zweiten Streifen abschneiden.

2 Die verbliebenen Streifenenden jeweils in die nebenliegende Sternspitze stecken und mit etwas Klebstoff darin fixieren.

3 Zuletzt beidseitig die Perlen aufkleben.

Dunkler Stern

1 Folgen Sie der allgemeinen Anleitung und fertigen Sie einen einfachen Fröbelstern in der Supernova-Technik.

2 Anschließend aus den abgeschnittenen Enden mithilfe der Vorlage die Einstecker zuschneiden. Die geraden Enden der Einstecker mit etwas Klebstoff bestreichen und in jede zweite Sternzacke stecken.

3 Zuletzt beidseitig die Perlen aufkleben.

Mein Tipp für Sie

Streifenenden abschneiden Beim hellen Stern immer die kürzeren Streifenenden abschneiden, damit die längeren zum Einstecken bleiben! Beim goldfarbenen Stern kann man sich das Einstecken und Festkleben sparen, indem auch hier nur jeder zweite, kürzere Streifen abgeschnitten wird. Dann kann die Vorlage einfach auf die überstehenden Streifen aufgelegt und übertragen werden.

Farbenfrohes Mobile

Klein, aber oho!

MOTIVHÖHE
ca. 29 cm

MATERIAL
* 4 Designpapiere mit verschiedenen Mustern in Rot, Grün und Pink, A2
* 4 Wachsperlen in Rot, ø 6 mm
* Nähnadel
* Nähgarn in Rot

1 Aus den Papieren zwölf Streifen mit 1,5 cm Breite und vier Streifen mit 2,5 cm Breite zuschneiden. Die schmalen Streifen sollten mindestens 35 cm lang, die breiten mindestens 60 cm lang sein.

2 Falten Sie aus den Streifen insgesamt fünf einfache Fröbelsterne. Der besondere Effekt dieser Sterne entsteht, indem Sie auf der einen Seite die Sterntüten in der klassischen Technik anfertigen und auf der anderen Seite in der Pyramiden-Technik. So bietet das Mobile immer neue Ansichten.

3 Die fertigen Sterne wie abgebildet mit Nadel und Faden verbinden. Dabei jeweils unter den kleinen Sternen eine rote Wachsperle mit auffädeln, sodass der Faden nicht durch den Stern zurückrutschen kann.

Mein Tipp für Sie

Stopperperlen auffädeln Ohne die rote Perle unterhalb des grünen Sterns würde dieser auf dem Faden einfach nach unten rutschen. Damit er an der gewünschten Stelle bleibt, wird eine Stopperperle eingefügt. Fädeln Sie erst den Stern und dann die Perle auf und führen Sie den Faden anschließend noch einmal in gleicher Richtung durch die Perle. Dadurch wird diese fixiert und hält den Stern in Position. Zur Veränderung der Höhe einfach die Perle am Faden nach oben oder unten schieben.

Mit Schwung und Elan

raffinierte Fröbelsternvariationen

MOTIVGRÖSSE
Stern oben ø 13 cm
Stern unten ø 10 cm

MATERIAL

STERN OBEN

* 4 Fröbelsternstreifen in Rosa schimmernd, 1,5 cm breit
* Fröbelsternstreifen aus Transparentpapier in Rot-Pink gemustert, 1,5 cm breit
* 2 Wachsperlen in Rot, ø 6 mm

STERN UNTEN

* 4 Fröbelsternstreifen aus Transparentpapier in Rot-Pink gemustert, 1,5 cm breit
* Fröbelsternstreifen in Rosa schimmernd, 1,5 cm breit
* 2 Wachsperlen in Rot, ø 6 mm

Stern oben

1 Fertigen Sie mit den vier rosafarbenen Papierstreifen einen einfachen Fröbelstern in der klassischen Technik an. Folgen Sie dabei der allgemeinen Anleitung und schneiden Sie am Ende die überstehenden Streifen sauber ab.

2 Schneiden Sie den bunten Papierstreifen in acht 11 cm lange Stücke. Das erste Stück oben links in die Sternzacke kleben und in einem Bogen zur Zacke rechts daneben führen. Den Streifen dabei so drehen, als würden Sie eine Sterntüte damit machen. Das lose Ende mit etwas Klebstoff in der Zacke fixieren.

3 Bei den anderen Zacken ebenso verfahren, dann den Stern wenden und die Schlaufen auf der Rückseite ebenso anfertigen. Zuletzt die Perlen aufkleben.

Hinweis: Denken Sie beim Einkleben der Streifen daran, dass Sie für die Gestaltung der Rückseite jeweils einen weiteren Streifen in den Zacken fixieren müssen!

Stern unten

1 Falten Sie mit den bunten Papierstreifen einen einfachen Fröbelstern in der klassischen Technik. Folgen Sie dabei der allgemeinen Anleitung und schneiden Sie die überstehenden Enden ab. Fixieren Sie dann auf beiden Seiten die Perle in der Mitte.

2 Schneiden Sie den rosafarbenen Streifen in vier 11 cm lange Stücke. Das erste Stück so in die obere linke Sternzacke kleben, dass der Streifen nach rechts zeigt. Den Streifen in einem Bogen nach unten führen und in der unteren rechten Zacke mit Klebstoff fixieren.

3 Nun den Stern um 180 Grad drehen und den nächsten Streifen ebenso anbringen. Anschließend den Stern wenden, um 90 Grad im Uhrzeigersinn drehen und den dritten und den vierten Streifen ebenso einkleben. Dabei allerdings spiegelverkehrt vorgehen.

Immergrüne Tannenbäume

schön geschmückt

MOTIVHÖHE
ca. 18,5 cm

MATERIAL
PRO TANNE

* Tonpapier in Grün oder Hellgrün, A2
* 4 Fröbelsternstreifen in Mattgold, 1 cm breit
* Wachsperlen in 32 x Rot oder in 16 x Rot und 16 x Gold, ø 6 mm
* Klebstoff

1 Beginnen Sie mit dem Zuschnitt der Streifen. Pro Baum benötigen Sie vier Streifen mit 3,5 cm Breite, vier Streifen mit 3 cm Breite, vier Streifen mit 2,5 cm Breite, vier Streifen mit 2 cm Breite und vier Streifen mit 1,5 cm Breite. Verwenden Sie das Tonpapier dazu in der gesamten Länge (70 cm).

2 Nun immer aus vier gleich breiten grünen Papierstreifen einen einfachen Fröbelstern in der klassischen Technik falten. Beachten Sie dabei, dass der Fröbelstern aus den 3,5 cm breiten Streifen nur auf einer Seite Sterntüten bekommt. Die andere Seite bildet später die Standfläche der Tanne.

3 Sind alle Sterne gefaltet, werden sie pyramidenartig aufeinandergesetzt und zusammengeklebt.

4 Während der Tannenbaum trocknet, aus den vier goldenen Papierstreifen einen einfachen Fröbelstern in der Pyramiden-Technik falten. Den Stern senkrecht oben auf die Baumspitze kleben.

5 Abschließend die Wachsperlen auf den Spitzen der „Tannenzweige" aufkleben.

Mein Tipp für Sie

Schneller kleben Wer eher ungeduldig ist, kann die Perlen schneller mit Schmucksteinkleber befestigen. Zum Befestigen des Sterns auf der Tannenspitze ist eine Heißklebepistole sehr hilfreich, da dieser Klebstoff ebenfalls schneller fest wird.

Schöner schenken

dekorative Weihnachtskarten

MOTIVGRÖSSE
Karten 14,8 cm x 10,5 cm

MATERIAL
PRO KARTE

* Doppelkartenrohling in Naturweiß, A6
* verschiedene gemusterte Papiere, z. B. Transparentpapier mit Noten in Weiß-Schwarz, Designpapier mit Paisleymuster in Grün, Tonpapier in Weiß oder Designpapiere in Rosa-Rot-Gold gemustert, A2
* Glitterglue in Dunkellila oder Gold-Regenbogen

1 Für die obere Karte wird ein Stern ohne Sterntüten gefaltet. Dafür vier Streifen mit 1,5 cm Breite zuschneiden. Vier Streifen stehen lassen, die anderen vier so auffalten, dass das Papiermuster zu sehen ist. Die Enden bündig zum inneren Quadrat abschneiden und mit Klebstoff darauf fixieren. Den Stern mit den langen Streifen wie abgebildet auf die Karte kleben und mit Glitterglue verzieren.

2 Für die mittlere Karte vier 1,5 cm breite Streifen in Weiß zuschneiden und einen Stern ohne Tüten falten. Die Karte mit drei 1,5 cm breiten Papierstreifen bekleben und den Stern wie abgebildet darauf platzieren. Ein 3 cm x 3 cm großes gemustertes Quadrat mittig auf den Stern kleben und die Karte wie abgebildet mit Glitterglue verzieren.

3 Für die vordere Karte benötigen Sie je einen tütenlosen Stern aus 1,5 cm und 2 cm breiten Streifen. Vom größeren Stern alle überstehenden Enden abschneiden. Beim kleineren Stern auf einer Seite die Enden ganz abschneiden. Auf der anderen Seite die Streifen so auffalten, dass das Muster zu sehen ist. Die Streifen bündig zum inneren Quadrat abschneiden und mit Klebstoff darauf fixieren. Zwei 1,5 cm breite und einen 2 cm breiten Streifen Designpapier auf der Karte anbringen und die Sterne wie abgebildet darauf platzieren.

Mein Tipp für Sie

Streifen zuschneiden Bei diesen Karten lohnt es sich, etwas längere Papierstreifen zuzuschneiden, als erforderlich wären. Die „Reste" können Sie dann z. B. verwenden, um damit die Karten zu gestalten.

Leuchtender Abendhimmel

mit Mond und Sternen

MOTIVHÖHE
Stern 24 cm
Mond 19 cm

MATERIAL

STERN

* Tonkarton in Gelb, A3
* 12 Fröbelsternstreifen in Gold, 1 cm breit
* Perle in Gold, ø 6 mm
* 24 Dekosterne in Gelb, ø 1 cm
* Nähgarn in Gelb
* Nähnadel

MOND

* Tonkarton in Gelb, A3
* 12 Fröbelsternstreifen in Gold, 1,5 cm breit
* Perle in Gold, ø 6 mm
* Pearl-Maker in Gelb
* Nähgarn in Gelb
* Nähnadel

VORLAGE
Seite 62

Stern

1 Den Stern zweimal aus Tonkarton ausschneiden und aus den zwölf Papierstreifen mithilfe der Grundanleitung einen großen Fröbelstern falten. Wie beim Mond beschrieben nun die Perle auffädeln und den Faden durch den Stern ziehen.

2 Den Stern am Faden zwischen die beiden Tonkartonsterne kleben. Solange der Klebstoff noch nicht trocken ist, kann der Stern im Stern noch ausgerichtet werden. Abschließend die kleinen Sternchen auf beiden Seiten des gelben Sterns aufkleben.

Mond

1 Mit den Papierstreifen einen großen Fröbelstern in der klassischen Technik falten. Den Mond mithilfe der Vorlage zweimal zuschneiden.

2 Die Perle auffädeln, den Faden doppelt legen, mit der Nadel durch den Stern stechen und die Fadenenden zwischen die Monde kleben. Bevor der Klebstoff getrocknet ist, den Stern am Faden so ausrichten, dass er schön in der Mondsichel hängt. Zuletzt den Mond mit dem Pearl-Maker verzieren.

Frohes Fest!

glänzende Sternschnuppe

MOTIVGRÖSSE
ca. 37 cm lang

MATERIAL
* Tonkarton in Mattgold, A3
* 52 Fröbelsternstreifen in Gelb, 1 cm breit
* Wachsperle in Gold, ø 4 mm
* Glitterglue in Gold-Regenbogen und Fuchsia
* Lackdraht in Gold
* Nähnadel
* Nähgarn in Gelb

VORLAGE
Seite 59

1 Die Sternschnuppe zweimal aus dem Tonkarton zuschneiden und deckungsgleich zusammenkleben. Anschließend nach Wunsch mit dem Glitterglue verzieren und beschriften.

2 Einen großen und zehn einfache Fröbelsterne in der Supernova-Technik fertigen. Beachten Sie, dass die zehn kleinen Sterne nur auf einer Seite Sterntüten haben, damit Sie sie aufkleben können.

3 Die kleinen Sterne aufkleben, den großen aufhängen. Dazu die Wachsperle auffädeln, dann den Faden doppelt legen und diagonal durch den Stern stechen. Den Faden oberhalb der Öffnung durch den Tonkarton ziehen und festknoten. Den Lackdraht spiralförmig um einen Stift wickeln und zum Aufhängen am Stern befestigen.

Die verschiedenen Falttechniken und Papiermuster lassen interessante Unikante entstehen. Kein Anhänger gleicht dem anderen.

Schmückende Kugeln

mit dekorativem Perlenschmuck

MOTIVGRÖSSE
ca. ø 4,5–10,5 cm

MATERIAL

* verschiedene Papiere in Lila- und Violetttönen (z. B. Tonpapier, Designpapier oder Transparentpapier, 90–120 g/m²), A2
* Acrylschliffperlen in Lila, Dunkellila und Transparent, ø 6, 8, 10 und 12 mm
* Wachsperlen in Lila und Dunkellila, ø 4, 6 und 8 mm
* tropfenförmige Metallperlen in Gold oder Silber, 3,5 cm lang
* lange Nähnadel
* Nähgarn in Lila

Einfache Anhänger

1 Für jeden Anhänger benötigen Sie vier Papierstreifen mit einer Breite von 1 cm, 1,5 cm, 2 cm oder 2,5 cm. Dazu die Papierbögen mittig falten, sodass die Schmalseiten aufeinanderliegen, und je Stern vier Streifen zuschneiden. Lesen Sie dazu auch den Tipp auf Seite 25.

2 Aus den Streifen mithilfe der allgemeinen Anleitung einen einfachen Fröbelstern in der klassischen Technik oder in der Pyramiden-Technik falten. Anschließend die Sterne nach Belieben oder wie abgebildet mit Perlen schmücken.

3 Für die Aufhängung eine Wachsperle auf den Faden aufziehen. Den Faden doppelt legen und mit der Nadel durch alle anderen Perlen fädeln. Den Faden mithilfe der langen Nadel durch den Stern ziehen. Erneut Perlen auffädeln und die Fadenenden miteinander verknoten.

Vielzackige Anhänger

1 Schneiden Sie aus dem Papier je Stern zwölf 1 cm oder 1,5 cm breite Streifen zu (siehe Tipp) und falten Sie daraus einen großen Fröbelstern in der klassischen Technik oder in der Pyramiden-Technik. Dabei hilft Ihnen die allgemeine Anleitung. Den Stern anschließend nach Belieben oder wie abgebildet mit Perlen schmücken.

2 Für die Aufhängung der Sternkugeln zunächst eine Wachsperle auf den Faden aufziehen. Den Faden doppelt legen und die restlichen Perlen aufziehen. Nun den Faden mit der langen Nadel diagonal durch den Stern ziehen. Erneut Perlen auffädeln und zum Abschluss die Fadenenden miteinander verknoten, sodass eine Schlaufe entsteht.

Mein Tipp für Sie

Die richtige Streifenlänge Wie lang muss ein Fröbelsternstreifen eigentlich sein? Diese Frage wird immer wieder gestellt, denn die benötigte Länge hängt entscheidend von der Breite der Streifen ab – aber auch davon, ob Sie den kleinen oder den großen Fröbelstern falten möchten, also mit vier oder zwölf Streifen arbeiten.

Hier ein kleiner Überblick über die in diesem Buch verwendeten Breiten. Er soll Ihnen zur Orientierung beim Zuschneiden eigener Streifen dienen. Die angegebenen Längen sind Mindestlängen. Geben Sie also lieber noch ein paar Zentimeter dazu, dann lassen sich die Streifen am Ende leichter durchziehen.

Kleiner Stern aus vier Streifen
1,0 cm breit = mindestens 24 cm lang
1,5 cm breit = mindestens 35 cm lang
2,0 cm breit = mindestens 47 cm lang
2,5 cm breit = mindestens 59 cm lang
3,0 cm breit = mindestens 70 cm lang

Großer Stern aus zwölf Streifen
1,0 cm breit = mindestens 30 cm lang
1,5 cm breit = mindestens 45 cm lang
2,0 cm breit = mindestens 60 cm lang

Sterne im Quadrat

hübscher Schmuck fürs Winterfenster

MOTIVHÖHE
ca. 27 cm (diagonal)

MATERIAL
- 12 Fröbelsternstreifen in Weiß, 1 cm breit
- 16 Fröbelsternstreifen in Weiß, 1,5 cm breit
- Transparentpapier „Classic Christmas“ in Blau-Braun gemustert, A2
- Tonkartonrest in Weiß
- Acrylschliffperle in Transparent, ø 4 mm
- Glitterglue in Neonblau
- lange Nähnadel
- Nähgarn in Weiß

1 Schneiden Sie zuerst aus dem Transparentpapier 16 Streifen mit 1,5 cm Breite zu. Dann aus dem Tonkartonrest acht Rechtecke (1,5 cm x 4 cm) zuschneiden.

2 Aus den 1 cm breiten Streifen einen großen Fröbelstern in der klassischen Technik falten und mit dem Glitterglue bemalen.

3 Aus den 1,5 cm breiten weißen und gemusterten Papierstreifen vier einfache Fröbelsterne in der Pyramiden-Technik und vier einfache Fröbelsterne in der klassischen Technik fertigen.

4 Die weißen Tonpapierstücke und die Fröbelsterne so zusammenkleben, dass ein Quadrat entsteht.

5 Sobald der Klebstoff getrocknet ist, den großen Fröbelstern in die Mitte hängen. Dazu die Perle auffädeln und dann den Faden doppelt gelegt mit der Nadel diagonal durch den Stern ziehen.

Mein Tipp für Sie

Modelle abändern Mit anderen Papieren, z.B. in Gold und Rot, wird aus diesem eher frostigen Motiv ein sehr weihnachtlicher Hingucker. Aber ich könnte mir auch gut eine Variante in zarten Frühlingsfarben vorstellen: Den Stern in der Mitte würde ich dann gegen ein Osterei austauschen.

Herzlich willkommen!

dekorativer Türkranz für die Weihnachtszeit

MOTIVGRÖSSE
ca. ø 23 cm

MATERIAL

* 14 Fröbelsternstreifen in Rot, 1 cm breit
* 14 Fröbelsternstreifen in Weiß, 1 cm breit
* Rebenherz, ca. ø 23 cm
* Schleifenband in Rot-Weiß kariert, 1,5 cm und 6 mm breit, je ca. 1 m lang
* Organzaband in Dunkelrot, 6 mm breit, 50 cm lang
* 2 Holzperlen in Dunkelrot, ø 6 mm
* Lackdraht in Rot
* Klebefilm
* Heißklebepistole

1 Diese kleinen Sternchen wurden mithilfe einer speziellen Methode angefertigt, damit jeder Stern eine einfarbige Tüten-Mitte hat. Um dies zu erzielen, müssen alle Streifen in der Mitte halbiert werden.

2 Nun werden die Streifen neu zusammengesetzt. Dazu wird jeweils ein roter Streifen an einen weißen geklebt. Legen Sie einfach die beiden Hälften so aneinander, dass die Kanten aneinanderstoßen, und fixieren Sie sie mit Klebefilm.

3 Nun werden die Sterne gefaltet. Hängen Sie dazu die Streifen im ersten Schritt so übereinander, dass auf einer Seite nur die weißen und auf der anderen Seite nur die roten Streifen zu sehen sind. Danach kann ganz einfach wie in der allgemeinen Anleitung beschrieben ein einfacher Fröbelstern in der klassischen Technik weitergefaltet werden.

4 Die fertigen Sterne mithilfe der Heißklebepistole auf dem Rebenherz befestigen. Aus dem breiteren Schleifenband und dem Organzaband eine dreifache Schleife binden. Die Enden entweder mit Lackdraht umwickeln oder mit den Perlen verknoten. Die fertige Schleife ebenfalls mit der Heißklebepistole am Kranz befestigen.

5 Zuletzt das schmale Schleifenband durch das Rebenherz fädeln und zum Aufhängen am Ende verknoten. Und schon haben Sie eine hübsche Dekoration im skandinavischen Look.

Mein Tipp für Sie

Streifen aneinanderkleben Beim Zusammenfügen der Streifen ist es wichtig, dass daraus wieder gerade Streifen werden, da sonst die Sterne nicht schön aussehen. Fügen Sie die halbierten Streifen daher mit den Kanten zusammen, die Sie nicht selbst geschnitten haben, da diese normalerweise gerader sind.

Raffinierte Weihnachtssterne

mit dekorativem Fröbelstern

MOTIVGRÖSSE
ca. ø 19 cm

MATERIAL PRO STERN

* Tonpapier in Rot und Grün, A4
* 4 Fröbelsternstreifen in Rot, 1,5 cm breit
* Goldperle, ø 6 mm
* Transparentpapier (für Schablone)
* dünne Pappe (für Schablone)
* Buntstift in Dunkelrot und Grün
* Bleistift

VORLAGE
Seite 58

1 Nehmen Sie zuerst die Fröbelsternstreifen und fertigen Sie einen einfachen Fröbelstern in der klassischen Technik für die Blütenmitte an. Dabei entfallen auf der Unterseite die Sterntüten. Arbeiten Sie den Stern also nur auf der Oberseite bis zum Ende und fixieren Sie die Goldperle in der Mitte.

2 Die Blütenblätter zuschneiden. Dazu die Motive vom Vorlagenbogen auf Transparentpapier durchpausen, auf dünne Pappe aufkleben und ausschneiden. Die Schablonen auf das Tonpapier auflegen und mit Bleistift umfahren. Die großen Blätter werden drei Mal in Rot und drei Mal in Grün benötigt, die kleinen drei Mal in Rot.

3 Schneiden Sie die Blütenblätter aus. Dann werden die Blätter wie abgebildet mit den Buntstiften bemalt. Danach die Blätter unter den Fröbelstern kleben – zuerst die kleinen, dann die großen.

Mein Tipp für Sie

Die Anwendung variieren In der Advents- und Weihnachtszeit sind diese Weihnachtssterne eine schöne Tischdekoration. Sie können sie aber auch anstelle von Geschenkband auf einem Geschenk anbringen. Und wenn Sie sie auf beiden Seiten ausgestalten, dann können Sie sogar Ihr Fenster damit schmücken. Dazu einfach die Sterne mit Nähgarn aufhängen.

Von schlichter Eleganz

dekorative Kugeln

MOTIVGRÖSSE
ca. ø 10 cm

MATERIAL
PRO KUGEL

* 12 Fröbelsternstreifen in Creme schimmernd, 1,5 cm breit
* 6 Wachsperlen in Gold, ø 8 mm

1 Falten Sie mithilfe der allgemeinen Anleitung aus den zwölf Streifen einen klassischen großen Fröbelstern mit 48 Zacken.

2 Schneiden Sie die überstehenden Enden ab und kleben Sie danach auf allen sechs Seiten mittig eine Goldperle in die Sterntüten.

Süßer die Glocken nie klingen ...

... als zu der Weihnachtszeit

MOTIVHÖHE
ca. 10 cm

MATERIAL PRO GLOCKE
* 12 Fröbelsternstreifen in Creme schimmernd, 1,5 cm breit
* Acrylschliffperlen in Gold, 1 x ø 8 mm, 6 x ø 6 mm, 1 x ø 4 mm
* Acryltropfen in Gold, 3,5 cm lang
* Heißklebepistole
* lange Nähnadel
* Nähgarn
* spitze Schere

1 Aus den zwölf Papierstreifen einen großen Fröbelstern in der Pyramiden-Technik falten. Dabei entfallen auf einer Seite die pyramidenförmigen Sterntüten.

2 Alle überstehenden Streifen abschneiden und auf der Seite ohne Sterntüten mit der Schere ein Quadrat herausschneiden, sodass noch ein Rand von 6–8 mm stehen bleibt.

3 Auf die vier umlaufenden Pyramidenspitzen je eine mittelgroße Perle kleben. Den Tropfen auffädeln, den Faden doppelt legen und durch eine mittelgroße Perle führen. Damit die Glocke auf dem Faden hält, den gleichen Faden noch einmal in gleicher Richtung durch die Perle führen, dann den Faden von unten durch die Glocke ziehen und die restlichen Perlen auffädeln.

Hinweis: Durch Verschieben der Perle über dem Tropfen können Sie die Länge des Klöppels (Tropfen) regulieren.

Ganz schön auf Zack

einfache Sterne mit eingesteckten Papierstreifen

MOTIVGRÖSSE
großer Stern ca. ø 13 cm
kleiner Stern ca. ø 9 cm

MATERIAL
GROSSER STERN
* 4 Fröbelsternstreifen in Rot schimmernd, 1,5 cm breit
* Fröbelsternstreifen in Rosa schimmernd, 1,5 cm breit

KLEINER STERN
* je 2 Fröbelsternstreifen in Rot schimmernd und Rosa schimmernd, 1,5 cm breit
* Klebefilm

VORLAGE
Seite 60

Großer Stern

1 Nehmen Sie zuerst die vier roten Fröbelsternstreifen und fertigen Sie einen einfachen Fröbelstern in der klassischen Technik an. Die überstehenden Enden abschneiden, aber nicht wegwerfen. Aus ihnen fertigen Sie mithilfe der längeren Vorlage auf dem Vorlagenbogen acht zusätzliche Stücke an.

2 Mithilfe der kürzeren Vorlage zusätzlich 16 Stücke aus dem rosafarbenen Streifen zuschneiden. Die rosafarbenen Stücke beidseitig auf die roten kleben, sodass die geraden Enden jeweils deckungsgleich sind, die rosafarbenen und die roten Spitzen aber in verschiedene Richtungen zeigen (siehe Foto). Die fertigen Streifen wie abgebildet in die flachen Sternspitzen stecken und mit Klebstoff darin fixieren.

Hinweis: Anstatt eines ganzen Fröbelsternstreifens können Sie für die rosafarbenen Stücke auch Reststücke verwenden, die Sie von anderen Sternen übrig haben.

Kleiner Stern

1 Zunächst müssen die einzelnen Sternstreifen vorbereitet werden, da hier nicht mit normalen Streifen gearbeitet wird. Folgen Sie dazu der Anleitung auf Seite 28 und fügen Sie die Streifen entsprechend mit dem Klebefilm neu zusammen.

2 Nun die vier neu angefertigten Streifen nehmen und daraus einen einfachen Fröbelstern in der klassischen Technik falten. Es entsteht ein Stern, der auf der einen Seite rosafarbene und auf der anderen Seite rote Tüten hat. Die flachen Zacken wechseln sich farblich ab.

3 Schneiden Sie die überstehenden Streifen wie in der allgemeinen Anleitung beschrieben ab. Dann aus den Resten der Streifen, mithilfe der kürzeren Vorlage, die Einsteckstreifen zuschneiden. Sie brauchen je vier rote und vier rosafarbene Stücke. Die zugeschnittenen Streifen wie auf dem Foto abgebildet in die flachen Sternspitzen schieben und eventuell mit etwas Klebstoff darin fixieren.

Mein Tipp für Sie

Mit Form und Größe spielen Auf dem Foto sehen Sie nur zwei von vielen möglichen Varianten, die durch das Einstecken von Papierstreifen entstehen können. Ich möchte Ihnen damit zeigen, wie unterschiedlich die Wirkung der eingesteckten Streifen sein kann. Damit Sie frei variieren und mit den verschiedenen Möglichkeiten spielen können, finden Sie auf dem Vorlagenbogen sowohl Schnitthilfen für 1 cm als auch für 1,5 cm breite Streifen.

Wundervolle Einzelstücke

jeder Stern ein Unikat

MOTIVGRÖSSE
ca. ø 6–8,5 cm

MATERIAL
* Transparentpapier mit Ranken und mit Rosen in Schwarz-Weiß, A2
* Wachsperlen in 6 x Weiß und 6 x Schwarz, ø 6 mm
* Wachsperlen in 2 x Weiß und 2 x Schwarz, ø 8 mm
* Lackdraht in Rot

Hinweis: Eine Übersicht zu den entsprechenden Streifenlängen finden Sie auf Seite 25.

1 Beginnen Sie mit dem Zuschneiden der Streifen. Für den großen Fröbelstern benötigen Sie zwölf Streifen mit 1,5 cm Breite. Für die kleinen Fröbelsterne benötigen Sie acht Streifen mit 2 cm Breite und zwölf Streifen mit 1,5 cm Breite.

2 Falten Sie einen großen Fröbelstern und insgesamt fünf einfache Fröbelsterne in der klassischen Technik. Die allgemeine Anleitung hilft Ihnen dabei.

3 Die Sterne wie abgebildet mit den Perlen bekleben und zum Schluss mit Lackdraht umwickeln. Die Drahtenden können Sie in den Sternen verstecken. Fertig!

Gigantische Supernova

strahlt in Rot und Silber

MOTIVHÖHE
ca. 32 cm

MATERIAL
* Wellpappe in Silber, A2
* Fröbelsternstreifen in 28 x Rot und 24 x Silber, je 1,5 cm breit
* 26 Wachsperlen in Rot, ø 6 mm
* Transparentpapier (für Schablone)
* dünne Pappe (für Schablone)
* Bleistift
* lange Nähnadel
* Nähgarn in Rot

VORLAGE
Seite 61

1 Fertigen Sie zuerst zweimal den großen Wellpappestern mithilfe der Vorlage an. Dazu das Motiv vom Vorlagenbogen auf Transparentpapier durchpausen, auf dünne Pappe aufkleben und ausschneiden. Die Schablone dann auf die Wellpappe auflegen und mit Bleistift umfahren. Jetzt können Sie den Stern aus der Wellpappe ausschneiden.

2 Nun können Sie sich an das Falten der vielen Fröbelsterne machen. Aus den roten Streifen fertigen Sie sieben einfache Sterne in der klassischen Technik an, aus den silbernen insgesamt sechs. Folgen Sie dabei der allgemeinen Anleitung.

3 In die Mitte der Sterne je eine rote Perle kleben. Danach die Sterne wie abgebildet zwischen die Wellpappesterne kleben. Zuletzt einen Stern in die Mitte hängen und oben einen Faden zum Aufhängen anknoten.

Mein Tipp für Sie

Farben und Größen variieren Ich habe für diesen Stern warmes Rot mit kühlem Silber kombiniert. Probieren Sie doch auch Rot und Gold oder Blau und Silber aus. Oder wie wäre es mit einer Kombination von größeren und kleineren Fröbelsternen? Verwenden Sie dazu einfach Fröbelsternstreifen in zwei verschiedenen Breiten.

Kugelige Fensterdekoration

Transparenter Rahmen für edle Sterne

MOTIVGRÖSSE
rote Girlande ca. 21 cm
gestreifte Girlande ca. 24 cm

MATERIAL

ROTE GIRLANDE

* 12 Fröbelsternstreifen aus Crushpapier in Rot-Gold, 1 cm breit
* 2 Holzperlen in Dunkelrot, ø 6 mm
* Acrylkugel, ø 6 cm
* lange Nähnadel
* Nähgarn in Rot, 90 cm lang

GESTREIFTE GIRLANDE

* 4 Fröbelsternstreifen in Braun-Beige gestreift, doppelseitig bedruckt, 2,5 cm breit
* 4 Fröbelsternstreifen in Braun-Beige gestreift, doppelseitig bedruckt, 1,5 cm breit
* 2 Holzperlen in Dunkelrot, ø 6 mm
* Acrylkugel, ø 8 cm
* lange Nähnadel
* Nähgarn in Rot, 95 cm lang

Rote Girlande

1 Aus den Fröbelsternstreifen drei einfache Fröbelsterne in der klassischen Technik falten. Dann werden die einzelnen Teile aufgefädelt. Ziehen Sie die erste Perle mittig auf den Faden auf und fädeln Sie dessen Enden anschließend in die Nadel ein.

2 Zwei Sterne auf den Faden fädeln und den oberen in der Kugel platzieren. Den Faden einmal durch die Öse der Kugel fädeln. Die nächste Perle nehmen und zweimal in gleicher Richtung durchfädeln, damit sie auf dem Faden hält. Zuletzt den dritten Stern auffädeln und die Fadenenden verknoten.

Gestreifte Girlande

Falten Sie zwei einfache Fröbelsterne in der klassischen Technik. Fügen Sie dann alles zusammen. Dazu die erste Perle und den kleinen Stern wie bei der roten Girlande anbringen. Anschließend die Kugel um den Stern schließen und wieder wie bei der roten Girlande beschrieben weiterfädeln.

Mein Tipp für Sie

Christbaumkugeln fertigen Ein einzelner Stern in der Kugel sieht auch am Tannenbaum gut aus. Wenn Ihre Kugel üppiger aussehen soll, können Sie sie zusätzlich mit Glitterglue verzieren. Setzen Sie z. B. einfach in gleichmäßigen Abständen kleine Tupfen in Gold oder Kupfer auf.

Zauberhafter Kranz

aus neun großen Fröbelsternen

MOTIVGRÖSSE
ca. ø 16 cm

MATERIAL
* 38 Fröbelsternstreifen in Helllila, 1 cm breit
* 38 Fröbelsternstreifen in Lila, 1 cm breit
* 36 Fröbelsternstreifen aus Transparentpapier in Lila gemustert, 1 cm breit
* Wachsperle in Lila, ø 6 mm
* Blumendraht mit Papierummantelung, ø 1,6 mm, 50 cm lang
* lange Nähnadel
* Nähgarn in Lila
* Zange

1 Aus jeweils zwölf Fröbelsternstreifen mithilfe der allgemeinen Anleitung große Fröbelsterne in der klassischen Technik falten, sodass Sie je Farbe drei Sterne erhalten. Für die Mitte einen zweifarbigen einfachen Stern in der Pyramiden-Technik falten.

2 Nun ein Ende des Blumendrahtes zu einer Öse biegen. Danach den Draht um eine Schüssel oder einen anderen runden Gegenstand legen und leicht in Form biegen. Darauf nun abwechselnd die lilafarbenen Sterne stecken – immer diagonal zur Würfelform (siehe Tipp auf dieser Seite).

3 Das Drahtende durch die Öse führen und umbiegen, sodass der Kranz geschlossen wird. Den Faden in die Nadel fädeln und durch die Wachsperle ziehen. Danach den Faden doppelt durch die Nadel fädeln und durch den zweifarbigen Stern stechen. Den Stern mit dem Faden in den Kranz hängen und zuletzt einen Faden zum Aufhängen anknoten.

Mein Tipp für Sie

Sterne auffädeln Nutzen Sie zum diagonalen Auffädeln der Sterne die kleine Lücke an den drei flachen Spitzen der Ecken. Dann lassen sich die Sterne ohne Widerstand auf den Draht stecken.

Frostiger Geselle

mit Besen und Zylinder

MOTIVHÖHE
ca. 12 cm

MATERIAL
* 24 Fröbelsternstreifen in Weiß, 1,5 cm breit
* 12 Fröbelsternstreifen in Weiß, 1 cm breit
* 4 Fröbelsternstreifen in Blau, 1,5 cm breit
* 3-D-Wellpapperest in Weiß
* Pompons in Weiß, je 8 x ø 1 cm und 1,5 cm
* Pompon in Rot, ø 1 cm
* Filzstift in Schwarz
* kleiner Ast
* Heißklebepistole

VORLAGE
Seite 58

1 Aus den weißen Papierstreifen drei große Fröbelsterne in der Pyramiden-Technik falten. Beachten Sie dabei, dass alle drei Sterne an jeweils zwei gegenüberliegenden Seiten ohne Sterntüten gefertigt werden. Dort werden sie der Größe nach zusammengeklebt.

2 Aus den blauen Papierstreifen einen einfachen Fröbelstern in der Pyramiden-Technik falten. Er erhält jedoch nur auf einer Seite Sterntüten. Den blauen Stern als Hut auf den Schneemann kleben. Das Gesicht aufmalen und den roten Pompon als Nase befestigen.

3 Schneiden Sie mithilfe der Vorlage die Standfläche aus der 3-D-Wellpappe zu und fixieren Sie den Schneemann mit etwas Klebstoff darauf. Für jeden Arm zuerst drei 1,5 cm große Pompons aneinanderkleben und dann am Körper anbringen. Den Ast auf einer Seite befestigen und die restlichen Pompons als Schneebälle auf der Grundfläche platzieren.

Ich seh' den Sternenhimmel

eine runde Sache

MOTIVGRÖSSE
ca. ø 23 cm

MATERIAL
* 36 Fröbelsternstreifen in Gelb, 1 cm breit
* Tonkarton in Dunkelblau mit Sternen, A2
* 19 Wachsperlen in Gold, ø 4 mm
* lange Nähnadel
* Nähgarn in Gelb

VORLAGE
Seite 60

1 Mithilfe der Vorlage aus dem Tonkarton zweimal das Motiv zuschneiden und deckungsgleich zusammenkleben.

2 Aus den Papierstreifen sechs einfache Fröbelsterne und einen großen Fröbelstern in der Pyramiden-Technik falten. Auf alle Pyramidenspitzen mittig eine Wachsperle kleben.

3 Zum Aufhängen der kleinen Sterne jeweils mit der Nadel durch den Stern stechen und dann durch den Tonkarton. Danach die Fadenenden verknoten, sodass die Sterne in den Öffnungen frei hängen.

4 Um den großen Stern aufzuhängen, wird die übrig gebliebene Wachsperle auf den Faden gefädelt. Den Faden anschließend doppelt legen und diagonal durch den Stern stechen. Dann wird der Stern in der mittleren Öffnung aufgehängt.

Mein Tipp für Sie

Modell variieren In den Sternenhimmel hätten auch gut silberfarbene Sterne gepasst. Mit einem unifarbenen Tonkarton wird das Motiv ruhiger und es lädt dazu ein, die Sterne aus gemustertem Papier zu falten. Auch könnte man noch zwei oder drei Sterne unter oder über den Tonkartonkreis hängen.

Edle Fröbelsternparade

ein Spiel mit Mustern und Farben

MOTIVGRÖSSE
ca. ø 4–9 cm

MATERIAL

GOLDFARBENE STERNE

* 4 Fröbelsternstreifen aus Duo-Papier in Gold schimmernd und Gold gemustert, 1–2 cm breit

ZWEIFARBIGE STERNE

* 4 Fröbelsternstreifen aus Duo-Papier in Gold glänzend und Weiß, 1–2 cm breit

STERNENKUGEL

* 12 Fröbelsternstreifen in Creme mit Noten, 2 cm breit

Sterne aus Duo-Papier

1 Falten Sie zwei der vier Streifen so mit den Schmalseiten aufeinander, dass die unifarbene bzw. die weiße Seite zu sehen ist. Die anderen beiden Streifen falten Sie entsprechend so, dass das Muster bzw. die gold glänzende Seite zu sehen ist.

2 Nun werden die Streifen abwechselnd übereinander gehängt. Wenn man dazu Schritt 1 der allgemeinen Anleitung zur Hand nimmt, wäre Streifen 1 gemustert, Streifen 2 uni, Streifen 3 gemustert und Streifen 4 dann wieder uni (bzw. abwechselnd weiß und gold glänzend).

3 Dann wird der Stern wie in den weiteren Schritten der allgemeinen Anleitung für den einfachen Fröbelstern zu Ende gefaltet. Das symmetrische Muster ergibt sich dabei nun von selbst. Die Sterntüten nach Wunsch in der klassischen Technik oder in der Pyramiden-Technik falten.

Sternenkugel

Arbeiten Sie wie in der allgemeinen Anleitung auf den Umschlagklappen beschrieben einen großen Fröbelstern aus zwölf Papierstreifen. Die Sterntüten werden in der Pyramiden-Technik angefertigt.

Mein Tipp für Sie

Fröbeln mit Duo-Papier Der Begriff Duo-Papier bezeichnet Papiere, die auf beiden Seiten unterschiedlich bedruckt sind. Wenn man diese Papiere zum Fröbeln verwendet, bekommt man folgendes Ergebnis: Auf einer Seite des fertigen Sterns sind alle Sterntüten in der einen Farbe, auf der anderen Seite in der anderen Farbe. Für mich hat das etwas von einer „rechten" und einer „linken" Seite. Verwendet man Duo-Papier, werden beide Seiten gleich hübsch. Einfache Technik mit großem Effekt!

Kugelrunder Sternenzauber

raffiniert ineinander gesteckte Sterne

MOTIVGRÖSSE
ca. ø 15 cm

MATERIAL
* Transparentpapier in Weiß mit Schneeflocken, 2 x 50 cm x 61 cm
* 10 Wachsperlen in Weiß, ø 6 mm
* 10 Wachsperlen in Silber, ø 6 mm
* Nähnadel
* Perlgarn in Weiß
* Wäscheklammern

1 Schneiden Sie das Papier in insgesamt vierzig 2 cm breite Streifen (lesen Sie hierzu den Tipp auf Seite 25) und falten Sie daraus mithilfe der allgemeinen Anleitung zehn einfache Fröbelsterne in der klassischen Technik.

2 Kleben Sie sechs Sterne in einer Reihe zusammen. Kleben Sie dann jeweils zwei Sterne zu Sternpaaren. Fixieren Sie die Sterne mit Wäscheklammern, bis der Klebstoff getrocknet ist. Dann können Sie die Sechserreihe zu einem Ring schließen.

3 Auf der einen Seite der Sterne in die Mitte jedes Sterns eine weiße Wachsperle kleben. Dabei einen Stern in der Sechserreihe auslassen! Anschließend auf der Rückseite jeweils mittig eine silberfarbene Wachsperle aufkleben. Dabei den Stern ohne weiße Perle wieder auslassen. An diesem Stern wird später die Aufhängung angebracht.

4 Eine silberfarbene Perle auf das Perlgarn fädeln, den Faden doppelt nehmen und durch den Stern ohne Perlen stechen. Den Faden durch die übrig gebliebene Wachsperle fädeln und diese Perle evtl. mit Klebstoff auf dem Stern fixieren. Damit ist der Aufhänger für die Kugel befestigt.

5 Danach die Sternpaare rechts und links in den Ring kleben. Bis alles trocken ist, die Sterne mit Wäscheklammern fixieren.

Glitzernde Schneeflocken

kündigen den Winter an

MOTIVGRÖSSE
ca. ø 7 cm (große Kugel)

MATERIAL
PRO SCHNEEFLOCKE

* 4 bzw. 12 Fröbelsternstreifen in Weiß, 1 cm oder 1,5 cm breit
* Acrylschliffperlen in Transparent, Hellblau und Blau, ø 1,5 cm, 1,2 cm und 1 cm
* Wachsperlen in Weiß, ø 4 mm
* Glitterglue in Neonblau
* Nähnadel
* Nähgarn in Weiß

1 Aus den Papierstreifen nach Wunsch entweder einen einfachen Fröbelstern aus vier Streifen oder einen großen Fröbelstern aus zwölf Streifen fertigen. Folgen Sie dazu der allgemeinen Anleitung auf den Umschlagklappen.

2 Damit die Sterne wie Schneeflocken aussehen, ist für die Sterntüten die klassische Technik am geeignetsten. Sie können die Sterne nach Wunsch aber auch in der Pyramiden-Technik oder in der Supernova-Technik arbeiten. Die Anleitungen hierfür finden Sie ebenfalls auf den Umschlagklappen.

3 Die fertig gearbeiteten Schneeflocken dann – nur auf den Zacken – mit dem Glitterglue verzieren. Zum Aufhängen zuerst eine Wachsperle auf den Faden fädeln. Dann den Faden doppelt gelegt durch eine Acrylschliffperle in passender Größe, eine weitere Wachsperle und zuletzt durch den Fröbelstern ziehen. Die Fadenenden verknoten – und fertig ist die Schneeflocke.

Mein Tipp für Sie

Anwendung variieren Aufgehängt an einem Ast im Fenster haben die Schneeflocken gleich noch mehr Esprit. Sie können aber auch einen Tannenbaum schmücken oder – auf Spieße gesteckt – in einem Adventsgesteck ihren Platz finden. Oder reihen Sie die Schneeflocken zu einer Girlande auf ...

Sphärische Sternensymphonie

ein musikalischer Gruß

MOTIVGRÖSSE
ca. ø 14 cm

MATERIAL
* Transparentpapier „Medusa" in Türkis, A2
* Transparentpapier in Weiß-Schwarz mit Noten, A2
* Nähnadel
* Perlgarn in Türkis
* Heißklebepistole
* Wäscheklammern

1 Aus dem türkisfarbenen Transparentpapier 24 Streifen mit 2 cm Breite zuschneiden. Für den Stern in der Mitte aus dem Transparentpapier mit Noten vier Streifen mit 2 cm Breite zuschneiden. Lesen Sie hierzu auch den Tipp auf Seite 25.

2 Aus den türkisfarbenen Papierstreifen sechs einfache Fröbelsterne in der Pyramiden-Technik fertigen. Aus den weißen Papierstreifen einen einfachen Fröbelstern in der Pyramiden-Technik falten.

3 Die türkisfarbenen Sterne zuerst in einer Reihe zusammenkleben. Während des Trocknens mit Wäscheklammern fixieren. Nach dem Trocknen die Reihe zu einem Ring schließen.

4 Ein Stück Perlgarn zur Schlaufe legen und am Ende zusammenknoten. Die Schlaufe in die Nadel fädeln, durch die Mitte eines türkisfarbenen Sterns stechen und bis zum Knoten durchziehen. Zuletzt den weißen Stern mit Heißkleber in der Mitte des Sternenkreises fixieren.

In Reih und Glied

dekorative Girlande

MOTIVGRÖSSE
ca. 50 cm

MATERIAL

* 24 Fröbelsternstreifen aus Transparentpapier in Rot-Pink gemustert, 1 cm breit
* 12 Fröbelsternstreifen aus Transparentpapier in Rot-Pink gemustert, 1,5 cm breit
* 20 Acrylschliffperlen in Rosa, ø 6 mm
* 10 Acrylschliffperlen in Weinrot, ø 6 mm
* Nähnadel
* Perlgarn in Rosa

1 Falten Sie aus den 24 schmalen und den zwölf breiten Fröbelsternstreifen insgesamt neun einfache Fröbelsterne in der Pyramiden-Technik. Folgen Sie dazu der allgemeinen Anleitung auf den Umschlagklappen.

2 Die fertigen Sterne immer abwechselnd mit den Perlen auf das Perlgarn auffädeln. Dabei immer eine rosafarbene, eine weinrote und wieder eine rosafarbene Perle aufziehen. Die großen Sterne wie abgebildet mit den kleinen Sternen kombinieren.

Mein Tipp für Sie

Falten mit Transparentpapier Transparentpapierstreifen haben relativ scharfe Kanten und eine glatte Oberfläche. Man muss beim Falten vorsichtig vorgehen: Fixieren Sie die ersten Streifen evtl. mit Klebefilm, damit sie nicht wieder verrutschen. Auch beim Durchziehen der Streifen müssen Sie Acht geben, damit die Kanten nicht die anderen Streifen zerschneiden. Die Streifen bei Widerstand also nicht mit Gewalt durchziehen, sondern sofort nach der Ursache dafür schauen. Die Enden der Streifen können Sie evtl. mit etwas Klebstoff in den Spitzen fixieren, damit sie nicht wieder herausrutschen.

Mit Glanz und Gloria

SEITE 10

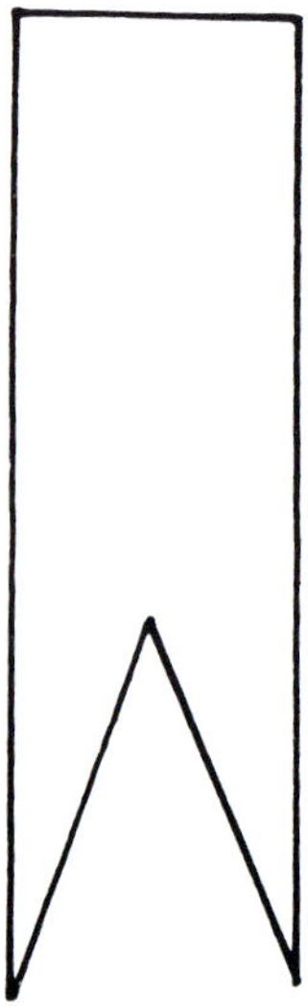

Raffinierte Weihnachtssterne

SEITE 30

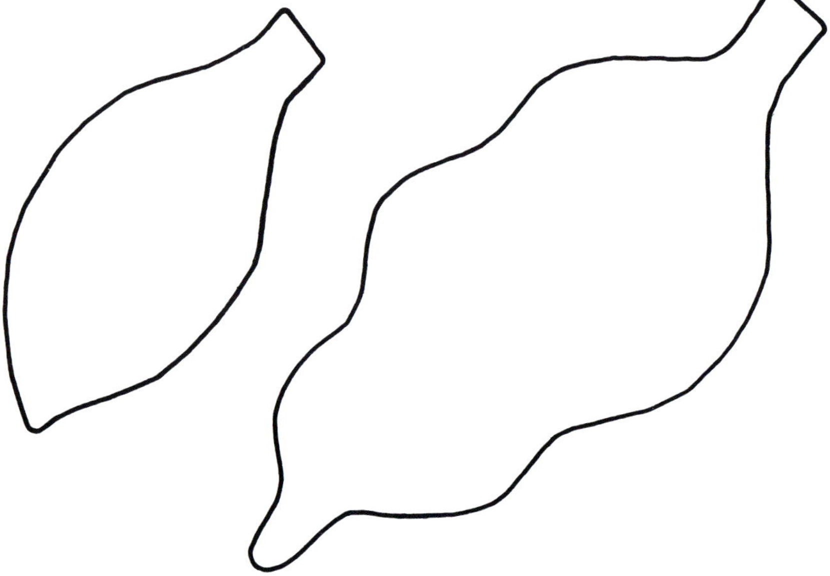

Frostiger Geselle

SEITE 44

Frohes Fest!

SEITE 21

Bitte auf 200% vergrößern.

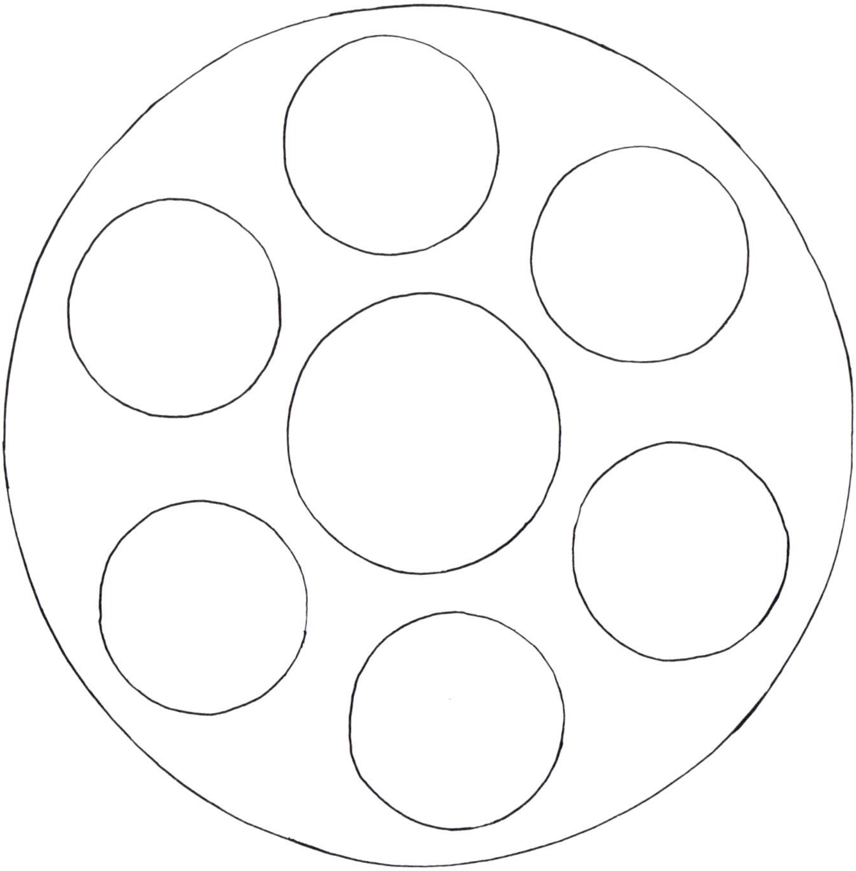

Ich seh' den Sternenhimmel

SEITE 46

Bitte auf 200% vergrößern.

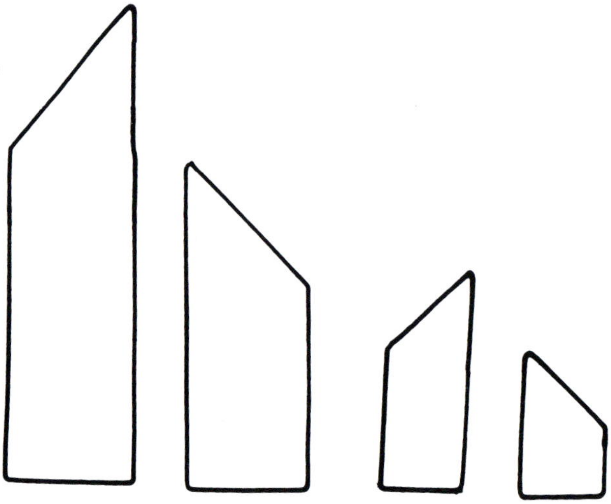

Ganz schön auf Zack

SEITE 34

Gigantische Supernova

SEITE 38

Bitte auf 160% vergrößern.

Leuchtender Abendhimmel

SEITE 20

Bitte auf 200% vergrößern.

Gudrun Thiele wurde in Hamburg geboren und ist von Kindesbeinen an immer kreativ gewesen. Heute lebt sie in Wacken, einem kleinen Dorf in Schleswig-Holstein, und ist Mutter von drei Söhnen (23, 20 und 15 Jahre alt). Wenn sie freie Zeit für sich findet, dann fertigt sie gerne Teddybären oder Jahreszeitenpuppen an. Aber auch die Acrylmalerei hat es ihr angetan. Am liebsten kreiert sie Schwarz-Weiß-Grafiken. Seit einigen Jahren gibt sie außerdem Kreativkurse an der offenen Ganztagsschule.

DANKE!

An meine Familie, die mich mit Lob und Kritik hilfreich unterstützt.

Und an die Firmen Ludwig Bähr (Kassel), Heyda (Hagen) und nice papers (Berlin) für die großzügige Unterstützung mit Papieren.

TOPP – Unsere Servicegarantie

WIR SIND FÜR SIE DA! Bei Fragen zu unserem umfangreichen Programm oder Anregungen freuen wir uns über Ihren Anruf oder Ihre Post. Loben Sie uns, aber scheuen Sie sich auch nicht, Ihre Kritik mitzuteilen – sie hilft uns, ständig besser zu werden.

Bei Fragen zu einzelnen Materialien oder Techniken wenden Sie sich bitte an unseren Kreativservice, Frau Erika Noll.

mail@kreativ-service.info
Telefon 0 50 52 / 91 18 58

Das Produktmanagement erreichen Sie unter:

pm@frechverlag.de
oder:
frechverlag
Produktmanagement
Turbinenstraße 7
70499 Stuttgart
Telefon 07 11 / 8 30 86 68

LERNEN SIE UNS BESSER KENNEN! Fragen Sie Ihren Hobbyfach- oder Buchhändler nach unserem kostenlosen Kreativmagazin **Meine kreative Welt.** Darin entdecken Sie vierteljährlich die neuesten Kreativtrends und interessantesten Buchneuheiten.

Oder besuchen Sie uns im Internet! Unter **www.topp-kreativ.de** können Sie sich über unser umfangreiches Buchprogramm informieren, unsere Autoren kennenlernen sowie aktuelle Highlights und neue Kreativtechniken entdecken, kurz – die ganze Welt der Kreativität.

Kreativ immer up to date sind Sie mit unserem monatlichen **Newsletter** mit den aktuellsten News aus dem frechverlag, Gratis-Bastelanleitungen und attraktiven Gewinnspielen.

IMPRESSUM

Überarbeitete und erweiterte Ausgabe von TOPP 3858.

FOTOS: frechverlag GmbH, 70499 Stuttgart; Gudrun Thiele (Porträt Seite 64), lichtpunkt, Michael Ruder, Stuttgart (restliche Fotos)

ILLUSTRATIONEN: schwab:illustrationen, Handewitt

PRODUKTMANAGEMENT UND LEKTORAT: Susanne Pypke, Nadine Arnold

GESTALTUNG: Sophia Höpfner

DRUCK: frechdruck GmbH, 70499 Stuttgart PRINTED IN GERMANY

FILMPRODUKTION: teamWerk. Die FilmProduktion GmbH, Stuttgart

Auflage: 5. 4. 3. 2.
Jahr: 2015 2014 2013 2012 2011 [Letzte Zahlen maßgebend]

ISBN 978-3-7724-3922-3 • Best.-Nr. 3922